Alexander Wiechert

(B)ewusstwie 2

"Es ist unabdingbar, dass wir uns alle gemeinsam für mehr Demokratie einsetzen müssen. Ich bin davon überzeugt: Nicht das Benennen dieser Missstände ist das große Problem für unsere Demokratie und unsere Freiheit, sondern deren Verschweigen und Tabuisieren."

Alexander Wiechert

Herstellung und Verlag:
BoD – Books on Demand, Norderstedt
ISBN: 9783756219377

Deutschland - ein Märchen wie der Zauberer von Oz.

Ohne Diskussion
Ohne Empathie
Ohne Ufer
Ohne Takt
Ohne Scham
Ohne Clowns
Ohne Herz
Ohne Liebe
Ohne Austausch
Ohne Nähe
Ohne Dank

Das große Ganze

Weil du nur gelernt hast zu funktionieren,
wie eines der Rädchen des großen Ganzen.

Weil du nur arbeitest,
wie eine einzelne Ameise als Teil des großen Ganzen.

Weil du nur gelernt hast,
was man dir gesagt hat, hinterfragst du keinen Teil des großen Ganzen.

Weil du keine Zeit hast,
kannst du dich nicht mit etwas anderem beschäftigen als mit dem großen Ganzen.

Weil du jede Medizin nimmst,
die dein Arzt dir verschreibt, geht es dir zwar schlechter, aber du bist Teil des großen Ganzen.

Frei

Bin ich Anarchist, wenn meine Sehnsucht dem Naturzustand gilt und ich mich in der Gesellschaft dieser Tage nicht wohl fühle?

Bin ich Hippie, wenn ich an der schöpferischen Kraft der Liebe festhalte, statt an der Rationalität des Alltags?

Bin ich Opfer meines Verstandes, der nur ein Teil meines Wesens ist und ich auch den anderen Teilen Raum gebe?

Bin ich im Hier und jetzt, wenn ich fühle, wie sich die Vergangenheit und die Zukunft in mir vereinen?

Bin ich gesunden Verstandes, obwohl ich mich mit Himmel, Erde, Meer und Luft verbunden fühle?

Bin ich normal, wenn ich träume zu fliegen und alles zu überblicken?

Bin ich, ich selbst, wenn du das liest und ein Teil meiner Gedanken wirst?

Der Verschwörer

Er trägt einen Aluhut,
der passt zu ihm, der steht ihm gut.
Und das sagt mit er mit freiem Willen,
statt rosaroten Brillen.

Wer alles glaubt, was er gesagt
wer immer schweigt und niemals fragt,
wer gut gelaunt Nachrichten schaut,
dem so scheint es, wurde der Verstand geraubt.

Doch wer nach Hintergründen sucht,
der wird verspottet und verflucht,
Was er denn sagt, will man nicht hören,
das könnte in der Gesellschaft stören.

Wer selbst denkt und widerspricht,
den mögen nicht nur „di-da-oben" nicht.
Doch mancher hat dazu den Mut,
und trägt mit.

Kontrolle?

Und jetzt tust du, was sie dir gesagt haben,
jetzt hast du es unter Kontrolle
Und jetzt tust du, was sie dir gesagt haben,
jetzt hast du es unter Kontrolle
Und jetzt tust du, was sie dir gesagt haben,
jetzt hast du es unter Kontrolle
Und jetzt tust du, was sie dir gesagt haben,
jetzt hast du es unter Kontrolle
Und jetzt tust du, was sie dir gesagt haben,
jetzt hast du es unter Kontrolle
Und jetzt tust du, was sie dir gesagt haben,
jetzt hast du es unter Kontrolle
Und jetzt tust du, was sie dir gesagt haben,
jetzt hast du es unter Kontrolle.

Glaubt

Glaubt der Wissenschaft!
Glaubt!
Glaubt!
Glaubt,
aber bitte,
bitte rechnet nicht selbst nach.

Brauchen

KINDER BRAUCHEN KEINE MASKEN!
KINDER BRAUCHEN KEINE TESTS!
KINDER BRAUCHEN KEINE IMPFUNG!

Auf was wartest du?

All der Lügen Potential,
es liegt nicht brach,
es muss wohl reifen,
will man die Dreistigkeit begreifen,
mit der sie dir versichern
es wird schon helfen.

Viele Münder Wahrheiten verkünden
und doch wird sich nichts ändern,
denn dazu benötigt es weit mehr
als der Überbringer schlechter Nachrichten zu sein.

Oben werden die Fakten ausgesessen,
unten hat man im schlimmsten aller Fälle nichts mehr zu essen,
aber bequem ist, wenn man nichts tut,
denn sonst hieß es man müsste sich bewegen.

Diesen steten Terror auszuhalten ist das eine,
sich dagegen zu erheben
und etwas bewegen ganz verwegen,
dass kostet Überwindung und noch viel mehr als nur deine Zeit.

Gott gab dir ein Hirn, um zu denken
und machte uns zum Glück nicht alle gleich,
doch manche sind gleicher,
das merkt man als bald.

Wenn nicht jetzt wann dann?
Wenn nicht hier wo denn?
Auf was wartest du?
Wo deine persönliche Grenze?

Gebot

Es begab sich aber zu der Zeit, dass ein Gebot ausging, dass alle Welt geimpft würde und seine Freiheit verliere. Und jedermann ging, der sich nicht impfen und unterdrücken lassen wollte, in seiner Stadt auf die Straße, denn sie hatten sonst keine Herberge. Und es kamen viele weitere Menschen, Geimpfte und Ungeimpfte, Religiöse und Nicht-Religiöse, Männer und Frauen, von jedem Alter und jeder Hautfarbe und sie gingen mit und hatten nichts mehr zu fürchten.

Friede auf Erden und den Menschen einen Wohlgefallen.

Zusammenfassung

Lockdowns sind ok
Ausgangssperren sind ok
Schulschließungen sind ok
Impfpflicht sind ok
Ablaufende Impfzertifikate sind ok
Dauerhafte Grundrechtseinschränkungen sind ok
Weihnachten mit der Familie ist nicht ok

10 Neue

1. Ich bin das Narrativ, Dein Gott.
2. Du sollst keine anderen Meinungen haben neben mir.
3. Du sollst den Namen der Impfung nicht missbrauchen.
4. Du sollst mRNA-Pharmazeutika heiligen.
5. Du sollst den Booster und dein Impfzertifikat ehren.
6. Du sollst niemand umarmen.
7. Du sollst nicht aufklären.
8. Du sollst nicht Zeugnis reden wider das Narrativ.
9. Du sollst nicht begehren deines Nächsten Gesundheit.
10. Du sollst Ungeimpften ausschließen.

Sinnlos

Alles sinnlos.
Schreiben ist sinnlos,
Reden ist sinnlos,
Diskutieren ist sinnlos,
Argumentieren ist sinnlos.

Zuhören ist nicht sinnlos
Fragen ist nicht sinnlos
Feedback ist nicht sinnlos
Lieben ist nicht sinnlos
Nichts ist sinnlos.

Mittelalter: Neuzeit

Glaube: Wissenschaft
Teufel: Virus
Pest: Corona
Teufelsaustreibung: Impfung
Ablass: Test
Sünde: Kontakte
Bischöfe: Virologen
Bischofssitze: Charité
Inquisitoren: Faktenchecker
Oberinquisitor: Drosten
Wahrsager: Modellierer
Königin: Kanzlerin
Landesfürsten: Ministerpräsidenten
Tafelrunde: Kanzlerrunde
Ritterschlag: Verdienstkreuz
Ausrufer der fürstlichen Erlasse: Journalisten
Häretiker: Covidioten
Heiden: Corona Leugner
Hexen: Heilpraktiker
Teufelslehre: Homöopathie
Orgie: Corona Party

Nur

Nur 2 Wochen
Nur bis Weihnachten
Nur bis die Impfung verfügbar ist
Nur noch ein Wellenbrecher
Nur die 2. Impfung
Nur die Ungeimpften
Nur der Booster Shoot
Nur 3G
Nur 2G
Nur die Impfpflicht
Nur alle 6 Monate
Nur noch mit digitalem Impfpass

Hinterfragen

Wenn alle Zeitungen dasselbe schreiben, wenn alle im Radio dasselbe sagen,
dann werde hellhörig und fange an zu hinterfragen.

Wohin

Polizeikontrollen auf dem Weihnachtsmarkt.
Polizeikontrollen in der Bahn
Polizeikontrollen im Restaurant.
Polizeikontrollen beim Friseur.
Wohin hat euch die Impfung gebracht?

Notstand

Notstand in den Krankenhäusern 2015
Notstand in den Krankenhäusern 2016
Notstand in den Krankenhäusern 2017
Notstand in den Krankenhäusern 2018
Notstand in den Krankenhäusern 2019
Notstand in den Krankenhäusern 2020
Notstand in den Krankenhäusern 2021

Hoffnung

Wo es Hoffnung gibt, muss es auch Prüfungen geben. Allerdings sind die Hoffnungen in der Minderzahl und abstrakt, während die Prüfungen zahlreich und konkret sind.

Wellen

Während scheinbar alle von der Dritten, Vierten, Fünften Welle sprechen, spüre ich nur ein Déjà vu.
Eines das körperlich spürbar ist.
Es ist noch nicht klar.
Mir wird schlecht, denn ich erinnere mich – Die Welle!

Täuschen

Niemand lässt sich so leicht täuschen, wie ein Mensch, der glaubt das Richtige zu tun.

Nur – schon wieder

Es dauert nur noch, bis wir die erste Impfung haben.
Es ist nur für die Feiertage.
Es ist nur eine Ausgangssperre.
Es ist nur eine Impfung.
Es dauert nur, bis alle Impfwilligen geimpft sind.
Es sind nur zwei Impfdosen.
Es ist nur ein Impfnachweis.
Es sind nur 60% der Bevölkerung.
Es sind nur 70% der Bevölkerung.
Es ist nur eine Thrombose.
Es ist nur Myokarditis.
Es ist nur ein Impfpass.
Es ist nur Zertifikat.
Es sind nur die Freizeitaktivitäten.
Es ist nur das ungeimpfte Pflegepersonal.
Es ist nur der Zugang zu Bildung.
Es ist nur ein Booster.
Es ist nur 6 Monate gültig.
Es ist nur ...

Aber

„Aber die Bilder von Bergamo!"
„Aber China! "
„Aber New York! "
„Aber es gibt noch keinen Impfstoff!"
„Aber Indien!"
„Aber die Variante!"
„Aber die Impfquote!"
„Aber Delta!"
„Aber Long Covid!"
„Aber die Booster Quote!"
„Aber..."
Es wird IMMER ein Aber geben...

Leiser

Lauterbach fordert klima lockdown
Lauterbach fordert unbegrenzten lockdown
Lauterbach fordert vier wochen weihnachtsferien
Lauterbach fordert rücktritt
Lauterbach fordert ewigen lockdown
Lauterbach fordert härteren lockdown
Lauterbach fordert harten lockdown
Lauterbach fordert verkürzte sommerferien
Lauterbach fordert unbefristeten lockdown
Lauterbach fordert unbeschränkten lockdown

Ernüchterung

verdruss und wut die höre ich mit allen sinnen,
aber hör zu und glaube mir
sie können nicht gewinnen.

undifferenzierter frust macht sich breit
umgemach sowie verrat auf allen seiten
bald haben sie uns so weit.

wer spielt mit wem und wer warum nicht
wer hat was gesagt
wer bringt ins dunkle das licht.

ein verdacht einmal in die welt gebracht
wiegt schwer und verfliegt nicht
niemand lässt ihn außer acht.

der demonstranten harter kern
wen wollen sie erreichen
man kennt sich halt und hat sich gern.

was lernen wir aus diesen vielen Tagen
was machten wir gut
was sollte man besser nicht sagen.

Manipulation

DU WIRST MANIPULIERT
DU WIRST MANIPULIERT
DU WIRST MANIPULIERT
DU WIRST MANIPULIERT
DU WIRST MANIPULIERT
DU WIRST MANIPULIERT
DU WIRST MANIPULIERT
DU WIRST MANIPULIERT
DU WIRST MANIPULIERT
DU WIRST MANIPULIERT
DU WIRST MANIPULIERT

Wo?

Wo sind die Richter?
Wo sind die Pädagogen?
Wo sind die Seelsorger?
Wo sind die Ärzte?
Wo sind die Arbeitnehmervertreter?
Wo sind die Journalisten?
Wo sind die Profisportler?
Wo sind die Musiker?
Wo sind die Schauspieler?
Wo sind sie?
Wo sind die „Vorbilder"?

2000 Jahre

2000 Jahre Christentum eine wahrhafte, ernüchternde Bilanz.
2000 Jahre Christentum - ist unsere Welt eine bessere, als vor 2000 Jahren?
Oder ist Christus umsonst gekreuzigt worden?
Was hat sich denn wirklich geändert, sind die Menschen durch das
Christentum, etwa besser, moralischer oder friedlicher geworden?
Wird nicht Jesus Christus, in der Bibel als das Licht der Welt als der Heiland
und Messias beschrieben? - Aber wo ist das Licht, das Heil in unserer Welt?
Die Menschen sind damals gestorben, die Menschen sterben heute.
Kriege wurden damals geführt, Kriege gibt es heute. Ungerechtigkeiten gab es
damals schon, Ungerechtigkeiten gibt es heute.
Krankheiten gab es damals, Krankheiten gibt es heute.
Morde und Vergewaltigungen gab es damals schon, Morde und
Vergewaltigungen gibt es heute. Elend und Leid gab es damals auf der Welt,
Elend und Leid gibt es heute.
Hat das Christentum unsere Welt besser gemacht?
Dasselbe gilt natürlich auch für jede andere Form von Religion.
Sind Religionen, letzten Endes nicht auch nur Ideologien?
Religiöse Ideologien, so wie es auch politische Ideologien gibt?
Das Christentum steht in seiner Geschichte für die Unterdrückung von
Frauen, Missbrauch von Kindern, - Kreuzzüge, Glaubenskriege,
Sklavenhandel, Hexen und Buchverbrennungen. Die Christen haben auch
andere Christen, verfolgt und umgebracht und sehr viel Ungerechtigkeit und
Gewalt, kam durch das Christentum in die Welt.

Freiheit

Wer denkt, der Vorrang der Freiheit gelte nur für sich selbst, ohne Rücksicht auf die Freiheit der anderen, ist nicht frei, sondern in sich selbst verfangen.

Verantwortung

Wenn du erkennst, dass dein Leben zu einhundert Prozent in deiner Verantwortung liegt, gibt es keinen Grund jemandem gegenüber nachtragend zu sein.

Spiegelbild

Viele Menschen wären arg erschrocken, wenn sie statt ihrem Gesicht ihren Charakter im Spiegel sehen würden.

Wichtig

Es ist nicht wichtig, ob und was du tust in deinem Leben. Es geht darum, wie du es tust.

Hartnäckig

Magie entsteht, wenn du nicht aufgibst, auch wenn du es möchtest. Das Universum verliebt sich immer in ein hartnäckiges Wesen.

Wut

Daran festzuhalten ist wie Gift zu trinken und darauf zu warten, dass der andere stirbt.

Regeln

Wer dich betrogen hat, der wird betrogen.
Wer dich belogen hat, der wird belogen.
Wer dich getäuscht hat, der wird getäuscht.
Wer dich beleidigt hat, der wird beleidigt.
Wer dich verletzt hat, der wird noch viel mehr verletzt werden.
Denn ein jedes Spiel hat Regeln.

Größenwahn

Wofür steht dieses 2G? Größenwahn im Quadrat?

Jubiläen

10 X impfen – Rosenimpfung
20 X impfen – Porzellanimpfung
25 X impfen – Silberne Impfung
30 X impfen – Perlenimpfung
40 X impfen – Smaragdimpfung
50 X impfen – Goldene Impfung
60 X impfen – Diamantene Impfung
70 X impfen – Platinimpfung
75 X impfen – Kronjuwelen Impfung

Kontrolle

Die Grundlegendste Form der Gedankenkontrolle ist Wiederholung.
Die Grundlegendste Form der Gedankenkontrolle ist Wiederholung.
Die Grundlegendste Form der Gedankenkontrolle ist Wiederholung.
Die Grundlegendste Form der Gedankenkontrolle ist Wiederholung.
Die Grundlegendste Form der Gedankenkontrolle ist Wiederholung.
Die Grundlegendste Form der Gedankenkontrolle ist Wiederholung.
Die Grundlegendste Form der Gedankenkontrolle ist Wiederholung.
Die Grundlegendste Form der Gedankenkontrolle ist Wiederholung.
Die Grundlegendste Form der Gedankenkontrolle ist Wiederholung.
Die Grundlegendste Form der Gedankenkontrolle ist Wiederholung.

Tödlich

Wir leben in einer tödlichen Pandemie.
Sie tötet:

Logik

Gesunder Menschenverstand

Evidenzbasierte Medizin

Öffentliche Gesundheit

Wissenschaftliche Debatte

Lebensgrundlagen

Bürgerliche Freiheiten

Demokratien

Widerstanden

Wenn ihr verstanden habt, was hier vor sich geht und ihr euch nicht habt impfen lassen, habt ihr die größte psychologische Kriegsführung der Menschheitsgeschichte überlebt. Ist euch klar, wie viel Zeit, Ressourcen, Geld und Mühe sie in diese Sache investiert haben?
Sie haben versucht euch zu manipulieren, einer Gehirnwäsche zu unterziehen und zu zwingen, mal mehr mal weniger subtil. Sie haben zuerst versucht euch Angst zu machen. Sie haben versucht euch Schuldgefühle zu vermitteln.
Sie haben versucht euch mit „Geschenken" zu bestechen. Sie haben versucht euch zu verwirren, eure Realität und auch euren Verstand in Frage zu stellen. Sie haben versucht, euch dazu zu bringen, eure Prinzipien, eure Moral und auch eure Werte aufzugeben. Sie haben es sogar geschafft, eure Liebsten und Freunde gegen euch aufzubringen.
Fast alle konnten nicht widerstehen, nur ihr seid standhaft geblieben.
Ihr habt euch selbst in dunklen Zeiten nicht aufgegeben. Ihr seid gegen alle Widerstände für euch selbst und andere eingetreten. Und habt euch nicht unterkriegen lassen. So soll es sein.

Ihr da.

Ihr da, (Ihr wisst schon, wenn, ich meine.)
Ihr habt nur die Lüge und Gewalt.
Und die Lüge bricht zusammen.
Jetzt bleibt euch nur Gewalt.
Das wird ein Augenöffner.

Schuld

Aber die Ungeimpften sind schuld
Aber die Ungeimpften sind schuld
Aber die Ungeimpften sind schuld
Aber die Ungeimpften sind schuld
Aber die Ungeimpften sind schuld
Aber die Ungeimpften sind schuld
Aber die Ungeimpften sind schuld
Aber die Ungeimpften sind schuld
Aber die Ungeimpften sind schuld
Aber die Ungeimpften sind schuld

Gefahr im Verzug

Verengt sich der Kreis der Macht auf zu wenige Personen ist immer Gefahr
im Verzug.

Vertrauen

Vertrauen solltest du nur jenen Menschen, die mit deiner Seele umgehen, als
wäre es ihre eigene.

Leere

Leere in meinem Kopf,
manchmal gewollt,
aber nicht gefunden.
will sie gefüllt werden
unumwunden.

Leer, aber vollgestopft,
mit Dingen, die es nicht braucht,
alles in Fülle vorhanden
und doch nichts zum Festhalten,
ins Ohr sie mir haucht.

Frust und Unlust,
es reicht zum Fressen,
Völlerei, um zu vergessen,
das kann es nicht sein,
macht es mich manchmal klein.

Was ist das Ziel,
wohin führt der Weg,
unklar und diffus,
liegt er vor mir und dir,
führt woanders hin vom jetzt und hier.

Klarheit bringt nur das Durchdenken,
wohin will es mich lenken,
Leere als Ziel,
das ist vielleicht zu viel,
Leere als Weg,
nicht nur ein Privileg.

Vielleicht ist nicht mal das genug,
der Frust verfliegt,
hebt ab und verschwindet im Dunst.

Spalter

Es gibt solche Menschen den sieht man es an,
ihr Verhalten zieht die schrägsten Vögel von allen heran.

Dann gibt es den Subtilen, der ist nicht dumm,
er kennt eure Ängste ganz genau und bohrt darin herum.

Er betreibt Spaltung und hetzt,
er weiß sehr genau wie er euch verletzt.

Geschickt geht er vor bringt Chaos ins Spiel
denn das ist genau was er will.

Mit wachsamem Auge gehe es an,
sonst spaltet der Spalter was er kann.

Kläre auf und sei ehrlich,
sonst gewinnt er an Einfluss und es wird gefährlich.

Vergleiche

Wenn ich heute Vergleiche mit der Zeit der Nationalsozialisten anstelle droht
Ungemach. Aber wenn es dem heutigen Zeitgeist entspricht, zu denunzieren
und sich gegenseitig zu verachten, ähnlich wie "damals", dann Gnade uns Gott.
Bei all den heutigen Möglichkeiten uns medial zu beeinflussen und zu
manipulieren? Es gibt eine Chance nahe null, dass wir nicht beeinflusst
werden.

Komm mit spazieren

nach 20 monaten wird es gewahr
alles ist seltsam
wenigsten das ist klar.

alles auf dem kopf gestellt
was ist mit der welt
krankt an sich selbst.

die herren die reden
und sagen doch nichts
und vielen ist's recht.

wo wollen könnte greifen
aber niemand will
du wird es auf einmal einsam und still.

lautes schweigen mich umringt
jede Zelle meines Körpers
so langsam durchdringt.

aber ein raunen kann ich hören
könnte schwören
es bewegt viele so wie mich.

wir werden es sehen
kommt lasst uns gehen
wir spazieren montags.

Ohne Gebet und Götter

in stille und wut
ergießt sich die flut
ohne gebet und ohne götter
das volk wandelt auf den straßen.

verraten und verkauft
wir haben so vieles geglaubt
ohne reden und führer
die menschen werden laufen.

ein ziel das uns eint
wir werden gewahr
in gedanken zusammen
jeder einzelne und viele.

je mehr ihr euch anstrengt
um so mehr sich der weg verengt
der wille ist da
alle zusammen statt jeder für sich.

wo vorher ein geht schon
nun grenzen übersteigt
da wird ein zusammen
das höchste gut.

gemeinsam stark
so wird es sein
nie wieder, nie wieder
von jetzt an zusammen und vereint.

Nur – nochmal

Es ist doch nur eine Maske
Es sind doch nur drei Wochen
Es ist doch nur wegen der Krankenhäuser
Es ist doch nur kurz, dann machen alle Läden wieder auf
Es ist doch nur ein Test
Es ist doch nur eine App
Es ist doch nur damit wir wissen, mit wem sie Kontakt hatten
Es ist doch nur eine vorübergehende Betriebsschließung
Es ist doch nur um nachzuverfolgen, wo sie wann waren
Es ist doch nur, bis wir eine Impfung haben
Es sind doch nur doch nur ein paar Reiseunterlagen mehr
Es ist doch nur eine digitale Akte mit medizinischen Informationen
Es sind doch nur eine paar Monate
Es ist doch nur, bis alle geimpft sind
Es sind doch nur ein paar Nebenwirkungen
Es ist doch nur ein grüner Ausweis
Es ist doch nur ein Armband
Es ist doch nur fürs Reisen
Es ist doch nur für die Arbeit
Es ist doch nur, weil wir uns sonst von ihnen trennen müssen
Es ist doch nur ein Bluttest
Es ist doch nur ein Heim
Es ist doch nur das Beste für die Kinder
Es ist doch nur, weil sie bei ihnen nicht sicher sind
Es ist doch nur bis sie zur Einsicht kommen
Es sind doch nur ein paar Jahre
Es ist doch nur, weil sie uns aufgefallen sind
Es ist doch nur für eine Befragung
Es ist doch nur, weil uns Erkenntnisse vorliegen
Es ist doch nur, weil sie so unkooperativ sind
Es ist doch nur, weil das Gesetz es jetzt so vorschreibt

Wir Deutschen

Wir Deutschen bringen die Dinge um ihrer selbst willen zu Ende.
Soll heißen, wir tun Dinge nicht nur für den Erfolg, zugegeben ist das ein blöder Vergleich im Sport. Es sei denn die Teilnahmeurkunde reicht, so wie früher bei den Bundesjugendspielen, aber so wird man nicht Weltmeister. Wir tun die Dinge aber auch nicht nur, weil wir ein klares Ziel vor Augen haben, sondern - und insbesondere, weil wir Deutsche so erzogen wurden, dass man Dinge zu Ende bringt. Diese Art Pädagogischer Indoktrinierung hat vielleicht noch bis zu den Weltkrieg en einen Sinn, aber sie hält sich immer noch. Die Pädagogischen Wissenschaften haben klar gegenteilige Tendenzen. Nichtsdestotrotz bringen wir die Dinge zu Ende.
Und das ist das Problem. Die stumme Mehrheit ist so stur und gründlich darin, dass sie die letzten zwanzig Monate nicht reflektieren kann, solange es nicht zu Ende gebracht wurde, sprich die Pandemie offiziell vorbei ist.
Wäre es jetzt eine Strategie, der offenen Arme angebracht? Sollten wir nicht Aussteiger aus der Politbranche mit Insiderwissen auf unsere Seite bringen um diese als Kronzeugen gegen die Handelnden der Regierung einzubringen? Die Frage ist, kann man auf dem alten Fundament ein neues Haus errichten, oder müssen wir radikal ein Neuanfang anstreben und wagen.

#ichbinstaatsfeind

Weil ich gesund bin.

Weil ich für das Recht auf körperliche Selbstbestimmung und Versammlungsfreiheit bin.

Weil ich Transparenz von der Bundesregierung fordere, wenn sie Grundrechte einschränkt.

Weil ich glaube, dass nicht der sich rechtfertigen muss, der seine Rechte und Freiheiten nutzen, sondern der, der sie einschränken will.

Weil ich auch morgen noch das Recht haben will, über meinen eigenen Körper zu bestimmen.

Weil ich glaube, dass die Versammlungsfreiheit ein hohes Gut ist, das nicht nach politischem Gusto einfach genommen werden darf.

Weil ich daran glaube, dass es wichtig ist, dem Staat sein Unvermögen aufzuzeigen.

Weil ich dem Staat das Recht abspreche, Freiheitsrechte bei Ungehorsam zu entziehen und als Privilegien für Wohlverhalten zu gewähren.

Weil ich glaube, dass Bürgerrechte kein Verfallsdatum haben und man sie sich weder „erimpft" noch „erboostert".

Weil ich glaube, dass ohne Verhältnismäßigkeit auch das edelste Ansinnen zu einem Übel werden kann.

Weil ich glaube, dass sich der Staat für sein Handeln rechtfertigen muss.

Weil ich es wage, die Regierung zu kritisieren.

Wo auch immer

Wo du hinschaust
Lug und Betrug
nichts wird wie es war
es wird nichts wieder gut.

Wer auch immer
im Großen wie im Kleinen
alles verlogen
nichts ist im Reinen.

Keiner kennt Eigenverantwortung
keiner inne hält
keiner nimmt seinen Hut
niemand gefällt.

Bodenloses Unvermögen
gnadenlose Selbstüberschätzung
das können wir,
ganz besonders hier.

Wir sind nur ein Spiegel
einer von vielen
völlig unverfroren
können wir uns bedienen.

Ihr wollt es genau so
wir machen es wie im Film
seid ruhig weiter gläubig
und schaut einfach nicht hin.

Ungerecht

Die Ungerechtigkeit bricht sich Bahn
das macht aber nichts
denn sie schreit dich von allen Seiten an.

Doch alle vielbeschäftigt sehen das
wesentliche nicht
dabei scheint es offensichtlich.

Alle stopfen sich die Taschen voll
keiner will es gewesen sein
aber komm schon was soll's.

Nach mir die Sintflut
im wörtlichen Sinn
fahre ich in den Urlaub
ihr kriegt das schon hin.

2000

2000 Menschen
2000 nachdenkliche Menschen
2000 Stimmen
2000 kritische Stimmen
2000 diverse Meinungen
2001 bist du?

Meine Liebste

Du verlangst einiges von mir,
nein, du ringst mir vieles ab.
auch das stimmt nicht ganz.

Du erfüllst mir nicht Erwartung,
die erwartet,
im Stillen jetzt.

So laut
glaub mir, ich werde all dies auch.

Ich werde:
Verlangen, Ringen und Erwarten.

Damit es sich erfüllt,
was immer da
und doch nie hier.

Wenn Gegensätze still sich laut Verlieben

4 Gedanken über die Liebe

Kindlich soll sie sein und rein, lass dich fallen und auf sie ein.

Du kannst sie suchen, doch findet sie dich,
an Orten, von denen du dachtest, da gibt es sie nicht.

Sie versteckt sich manchmal hinter Worten und Taten, die sie trüben, wie die
Wolken das Mondlicht bei Nacht. Doch niemals vergeht sie, so wie das
Mondlicht in der Nacht.

Manchmal spannt sich die Geduld, die du aufbringen musst, um deiner Liebe
ein offenes Ohr zu schenken, wie die Zeit im Waschsalon, wenn du auf deine
Wäsche wartest.

An dich

An die eine Seele, die dies liest.
Ich weiß, dass du müde bist.
Du hast genug.
Du bist kurz vor dem Zusammenbruch.
Aber es gibt Stärke in dir,
selbst wenn du dich schwach fühlst.
Kämpfe weiter!

Wohlstand

Wohlstand macht es möglich, dass ...

Wohlstand macht es möglich, dass ...

Wohlstand macht es möglich, dass ...

Wohlstand macht es möglich, dass ...

du es dir erlauben kannst darüber nachzudenken, was Wohlstand bedeuten
könnte.

Unbequem

Wenn denken zu unbequem wird,
lass denken.

Ausstieg

Den inneren Frieden
den finden sie nicht
so stülpen sie ihre Wahrheit
einfach über dich.

Sie vernichten dich
langsam und leise
und verkaufen es dir als Freiheit
drum sei gescheit un weise.

All das wirst du inhalieren
und dich verlieren
in der sucht und dem spiel
so wird es dir nicht zu viel.

Lässt dich einfach ablenken
und einfach verschenken
an die Tiere da draußen
sie sind längst nicht mehr außen.

Sondern innen in dir
wissen mehr über dich
als dir selbst gewahr
nun wach endlich auf
und sieh die Gefahr.

Sie lauert ständig
um dich herum
also sei nicht dumm
bleib wach und behändig.

Schärfe deinen geist
werde gewahr
der dich ständig umgebenden Gefahr.

Dogmen

Harte Schlussfolgerungen erzeugen Dogmen. Dogmen sind Gefängnisse, in die du deinen Geist einsperrst und dir somit die Möglichkeit nimmst das Leben in allen seinen Facetten kennenzulernen. Um so stärker deine Schlussfolgerungen und damit die Dogmen sind, umso mehr identifiziert du dich damit und umso mehr erscheint dir deine Realität, die du dir damit erschaffst als existenziell. Du nimmst dir damit die Wahl zu leben.

Dort wieder herauszufinden ist sehr schwierig. Dogmen nützen Menschen nicht, sie nützen Institutionen. Damit können sie dich kontrollieren. Brich aus dem Gefängnis deines Verstandes aus und lebe dein Leben.

Merkwürdige Zeiten

Die Arbeiterklasse hat keine Arbeit.
Die Mittelschicht hat keine Mittel.
Die herrschende Klasse hat keine Klasse.
Und du fragst mich,
ob ich verrückt bin,
ob ich nicht weiß wovon ich spreche.
Der Verständige keinen Verstand.
Der Herzliche keine Herzenswärme.
Der Integrative schließt andere aus.
Der Verantwortliche will keine übernehmen.
Der Selbstlose sieht nur sich selbst.
Du fragst in welcher Realität ich mich befände
und ich sag, ich bin ganz nah bei dir
und doch Welten entfernt.

Klarstellung

Nur weil man Politiker kritisiert,
ist man kein Demokratiefeind.
Nur weil man die Maßnahmen kritisiert,
ist man kein Schwurbler.
Nur weil man Kritik auf die Straße trägt,
ist man kein Faschist.
Wer das behauptet,
schadet der Demokratie selbst am meisten.

Vergessen

Die FDP hat vergessen,
was Freiheit ist.
Die SPD hat vergessen,
was sozial ist.
Die CDU hat vergessen,
was christlich ist.
Die Bürgermeister haben vergessen,
was Bürger sind.
Das Verfassungsgericht hat vergessen,
dass es die Verfassung schützen soll.

Notiz an mich selbst

Todeszahlen – falsch.
Intensivbettenbelegung – falsch.
Krankenhausauslastung – falsch.
Geimpft/Ungeimpft Anteil – falsch.
Wirksamkeit der Impfung – falsch.

Kann man das reparieren?

Leider glaube ich, dass selbst wenn die Pandemie
mit all ihren Maßnahmen morgen vorbei wäre,
das tiefe Trauma aus 2-jähriger Existenzangst,
Freiheitsentzug und das schwer zerrüttete Vertrauen
in Justiz und Politik, bei den meisten nicht mehr zu reparieren sein wird.

Seltsam

Ich mag die,
die ihr seltsam nennt.
Die schwarzen Schafe,
die komischen Vögel,
die Ausgeschlossenen,
die Einzelgänger,
die Verlorenen Seelen und
die Vergessenen.
Meistens haben diese Menschen,
die schönsten Seelen.

Mein treuer Begleiter

Es sind die ohne Schuhe,
die jeden Weg mit uns gehen.
Es sind die ohne Geld,
die uns geben,
was unbezahlbar ist.
Es sind die,
die uns nichts versprechen
und uns dennoch nie enttäuschen.
Es sind die,
die nichts besitzen und uns mehr geben,
als mancher Mensch.

Denke groß

1. Habe eine Vision.
2. Denke groß.
3. Ignoriere die Neinsager.
4. Kriege Deinen Hintern hoch.
5. Gebe zurück und ändere die Welt in einen besseren Ort.
Wenn nicht wir wer dann?
Wenn nicht jetzt wann dann?

Erkenntnis

Welche Erkenntnis mich am härtesten getroffen hat?
Nicht, wie leicht wir belogen wurden.
Nicht, wie leicht Menschenrechte ausgehebelt wurden.
Am schlimmsten ist die Erkenntnis, dass ein beträchtlicher Teil der
Bevölkerung mich vermutlich denunzieren und verraten würde,
wenn es befohlen würde.

Gedanken über den Herbst

8-fach geimpfte zu zehnt
7-fach geimpfte nur zu siebent + 3
6-fach geimpfte 6-fach geimpfte mit 4 5-fach und 2 7-fach
5-fach geimpfte mit 2 sechsfach, 3 siebenfach, 2 achtfach
4-fach geimpfte mit 2 vierfach
3-fach mit 2 dreifach
2-fach mit 1 über-2-fach
1-fach mit 0

Beweislastumkehr

Ich musste lange überlegt, wie man es nennen oder benennen soll,
was in den letzten zwei Jahren geschehen ist. Wie man es verdichten kann.
Kondensieren auf ein markantes Wort.

Beweislastumkehr!

Vor unseren Augen vollzog sich nichts Anderes
als eine Beweislastumkehr des persönlichen Gesundheitszustandes.

Über Seen und Krisen

Wir sitzen im wackelnden Schlauchboot
auf kochendem und brodelndem Wasser
willst du hier nicht untergehen
beweg dich jetzt, stell dich nicht tot.

Nimm dir ein Ruder und ziehe davon
streng dich an und nutze deine Kräfte
werfe allen unnötigen Ballast ab
einfach über Board was macht das schon.

Um so mehr du davon loswerden kannst
um so eher kommst du weg
kommst besser und schneller voran
gut, dass du nicht mehr ziellos umher tanzt.

Raus aus den dich umgebenden Nebeln
es ist dein einzigartiges Leben
lass dich nicht aus der Ruhe bringen
denn du sitzt hier an den Hebeln.

Entscheide ruhig und weise
mit wem du dich umgibst
nicht jeder ist dein Freund und will etwas Gutes
sonst bist du bald wieder allein auf der Reise.

Hast die jemanden gefunden der gut zu dir passt
findet ein Tempo, bei dem ihr harmoniert
findet euren gemeinsamen Weg
pass gut auf die Liebe auf gib auf, sie acht.

Der Weg kann das Ziel sein oder nur Schein
wo willst du eigentlich hin
nachdem die Gefahr vorüber ist
aber das weißt nur du ganz allein.

Die Gedanken sind frei und waren es schon immer
lass dich nicht ablenken oder verwirren
bleibe stets fokussiert
wenn du nichts tust, wird es nur noch schlimmer.

Alles Lüge

Seit zwei Jahren ist die Welt verdreht.

Für Individualität, Freiheit und Selbstbestimmung zu kämpfen sei rechts.

Sich für Diplomatie und Verhältnismäßigkeit einzusetzen sei Massenmord.

Die Bedeutung von Zahlen zu nennen ist unwissenschaftlich.

Und Solidarität sei der neue Egoismus.

Wo ist die Wahrheit, wenn man sie sucht?
Höre dir die Lügen gut an, das Gegenteil ist meist näher an der Wahrheit als du denkst.

Mut zur Selbstreflektion

Was, wenn wir die letzten zwei Jahre falsch gelegen hätten mit unseren Prognosen? Glücklicherweise, wenn auch dieses Wort falsch erscheint in dem Kontext, lagen wir nicht falsch. Aber was nun? Wir sind nicht die moralisch Überlegenen. Mit Sinnsprüchen in der Art von: „Wir haben es euch bereits vor Monaten gesagt", helfen wir den Menschen nicht, die nun mit schweren und schwersten Impfnebenwirkungen mit Traumata durch Zwänge geschädigt sind nicht weiter. Wie können wir gemeinschaftlich die Umstände und Taten aufarbeiten und als mögliche Mahnung für zukünftige Gesellschaften dokumentieren? Dies sind die Fragen, die mich dieser Tage umtreiben.

Das Beste

Es geht nicht darum, wem es schlechter oder besser geht als dir. Deine Aufgabe ist es das Beste zu geben.

Immer

Wer immer nur Angst hat, findet Freiheit bedrohlich.

Spaltung

Gib, das was dir wirklich wichtig ist nicht einfach, nur weil es nicht einfach ist. Bei allem was du momentan tust wird dir drohend die Spaltung im Nacken sitzen. Du wirst es nie allen recht machen können.
Du kannst dich in seichten Spielereien verlieren, um es allen recht zu machen. Nur wirst du dich dann keinen Millimeter vorwärtsbewegen. Alle fühlen sich wohl in ihrer watteweichen Welt. Du aber machst dir Gedanken, wie du etwas verbessern oder verändern kannst. Du packst die Dinge an und schaffst Tatsachen. Dennoch werden einige Mäkel finden und protestieren.

Aber du hattest ihnen doch Teilhabe angeboten?

Es ist egal. Es ist für einige wenige Grund genug getrennte Wege zu gehen.

Aber so verändert wir doch nichts und beschäftigen uns nur mit uns selbst.

Darum gehe es doch gar nicht.

Aber warum waren wir monatelang auf der Straße demonstrieren?

Weil momentan alles so furchtbar ist und wir uns gegenseitig stärken müssen.

Aber dafür musst du doch nicht demonstrieren?

Nun ja. Man kann es auch gut sein lassen, vorwärtsblicken und weiter voranschreiten.

Lass los

Lass mich wachsen,
wenn du kannst

Lass mich leuchten,
wenn du willst

Mein Verstand, meine Gedanken
nur ein paar weitere Zäune in der Zeit.

Befreit von meinem Ich
nun lass mich gehen.

Gewissensfragen

Halt dich stets an Gesetz und Recht
dann fährst du nicht schlecht.

Aber haben die, die Gesetze schmieden
stets klug entschieden?

Nach Überlegung und bestem Gewissen,
werden wieder nur die Ärmsten verschlissen.

Fühlt sich das Gewissen rundum gut,
so dass es nachts auch friedlich ruht?

Dient die Entscheidung des Volkes Wohle
oder macht ihr euch die Taschen voll mit noch mehr Kohle?

Gesunder Menschenverstand

Was zuweilen schmerzlich fehlt in diesem Land, ist was man einst nannte den gesunden Menschenverstand.

Kontroversen

Man kann jemanden anschauen und ihn doch nicht sehen.
Man kann mit jemandem sprechen und ihn doch nicht verstehen.
Man kann jemanden anfassen und ihn dabei doch nicht berühren.
Man kann denken, ohne den Verstand zu benutzen.

Solidarisch

Willst Du den kleinen Piks doch nicht,
kommst Du bald vor das Gericht.

Als Pfleger wirst Du arbeitslos
und keiner fragt „Was ist da los?"

Solidarisch sollst Du sein,
bis ins kalte Grab hinein.

Altmodisch

Rücktritte sind was von gestern.
Politiker dürfen sich alles erlauben.
Es gibt keine roten Linien.
Es gibt keine Scham.
Es gibt kein Ehrgefühl
Es gibt kein Mindestmaß an Anstand.
Alles vergangene Werte.
Insbesondere die neue Bundesregierung zeigt,
dass nun nahezu alles erlaubt ist.

Vertrauen

Die Inzidenz sinkt und sinkt,
Trotz Variante mit Killerinstinkt.
Es muss an den Maßnahmen liegen!
Nur deswegen konnten wir Corona besiegen.

Acht von Tausend sind egal,
ist doch nur ne kleine Zahl.
Auch ist die Impfung ist keine Pflicht,
dein Jobverlust interessiert sie nicht!

Ignoriert Gesetz das Menschenrecht,
zieh' dagegen ins Gefecht!
Denn beugst Du Dich das eine Mal,
machen Sie Dein Leben zur Qual.

Die Maske auf, die Vierte rein,
man muss solidarisch sein.
Sie merken schon, ich bin gesund,
ich lebe eben quer und bunt!

Der Lauterbach der schmollt und schimpft:
"Bist du immer noch ungeimpft?"
Das findet er nicht wirklich toll,
macht's den Konzernen doch die Taschen voll.

Das Risiko war früh bekannt
und es gab Briefe: Rote-Hand!
Deshalb stoppten bald die Dänen
und sodann auch die Slowenen.

Johnson kann Gerinnung stören.
aber Karl, der wollte das nicht hören.
STIKO meinte: nur die Alten!
Für ihn jedoch gab es kein Halten.

Die Blinden und die Tauben,
die stehen zu ihrem Glauben.
Denker gelten als Querulant,
so tolerant ist dieses Land.

Bin dann mal raus

ich ward sehr inspiriert
von dingen und taten
die mich umgaben
immer und überall
stets hörte ich den schall
und bilder
immer furchtbarer
und wilder
brannten sich ein
ins gedächtniss hinein
irgendwann ist schluss
weil es einfach muss
leben ohne hast
ich mache rast
denn lieber ein ende
nehme mein leben in die hände
und mache was
mit familie und spaß
möchte mich nicht verschleissen
also gehe ich auf leisen
sohlen aus der nummer hier
ich sage tschüss
bin weg von ihr.

Kinderkram

gefühlskalte
großinteressenvertreter
grassieren
gemeinhin

gesundheitsminister
gastieren
gerne
großspurig

gutgläubige
gemeindemitglieder
glauben
gemeinsam

grundsätzlich
gegenteiliges
gelingt
garantiert

gemeine
gegner
generieren
gegenwahrheiten

genießern
gelingt
genussvolle
gelassenheit

gegner
gehören
genauestens
geprüft

gottesgleiche
granden
geben
gefälligkeiten

grauschattierte
gesellschaftsveränderungen
gewinnen

gemeinschaftsperspektiven